Impressum
Verlag: BABADADA GmbH, Nedderfeld 112 , 22529 Hamburg
Geschäftsführer / Verlagsleitung: Harald Hof
Druck: Books on Demand GmbH, In de Tarpen 42, 22848 Norderstedt

Imprint
Publisher: BABADADA GmbH, Nedderfeld 112 , 22529 Hamburg, Germany
Managing Director / Publishing direction: Harald Hof
Print: Books on Demand GmbH, In de Tarpen 42, 22848 Norderstedt, Germany

escola

училище

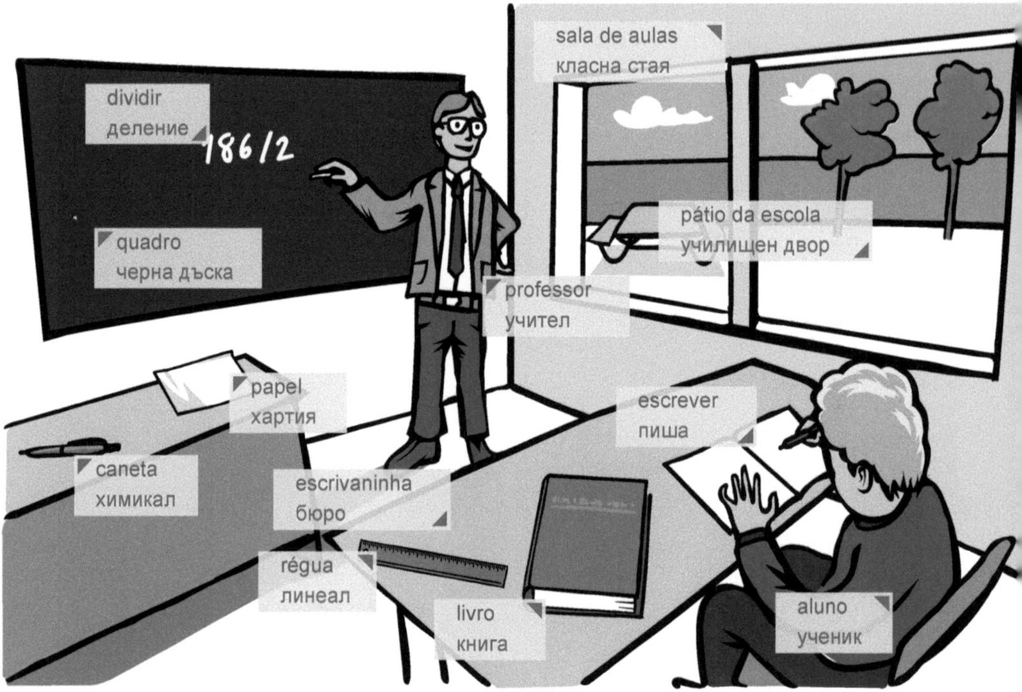
sala de aulas
класна стая
dividir
деление
186/2
quadro
черна дъска
pátio da escola
училищен двор
professor
учител
papel
хартия
escrever
пиша
caneta
химикал
escrivaninha
бюро
régua
линеал
livro
книга
aluno
ученик

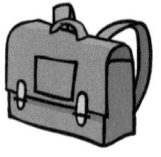

sacola
ученическа раница

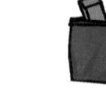

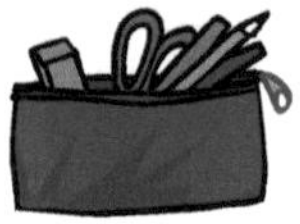

estojo de lápis
ученически несесер

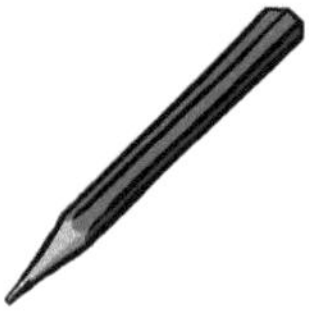

lápis
молив

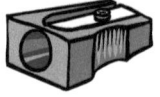

apontador de lápis
острилка за моливи

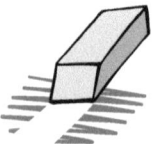

borracha
гума

bloco de desenho
блок за рисуване

desenho
рисунка

pincel
четка

estojo de tintas
акварелни бои

tesoura
ножица

cola
лепило

livro de exercícios
тетрадка за упражнения

lição de casa
домашна работа

número
число

somar
събиране

subtrair
изваждане

multiplicar
умножение

calcular
смятане

letra
буква

alfabeto
азбука

palavra
дума

texto

текст

ler

чета

giz

тебешир

hora

час

registro da classe

дневник на класа

exame

изпит

certificado

свидетелство

uniforme escolar

ученическа униформа

educação

образование

enciclopédia

справочник

universidade

университет

microscópio

микроскоп

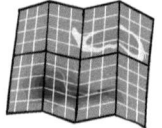

mapa

карта

cesto de lixo

кошче за хартиени
отпадъци

escola - училище

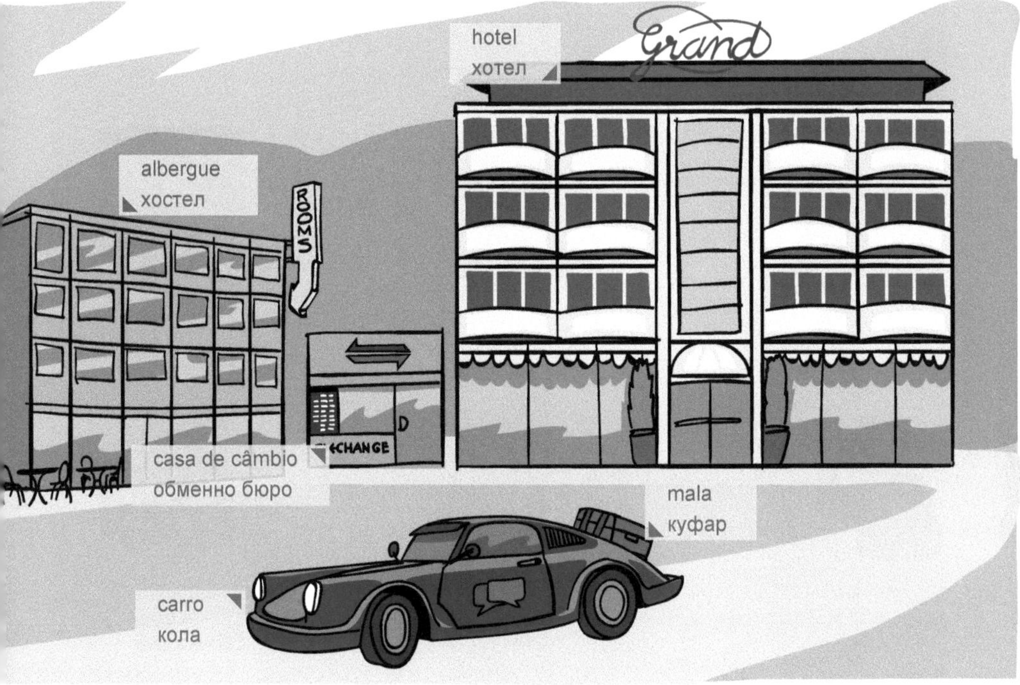

hotel
хотел
Grand
albergue
хостел
ROOMS
casa de câmbio
обменно бюро
CHANGE
mala
куфар
carro
кола

idioma

език

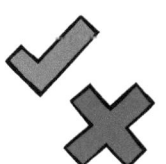

sim / não

да / не

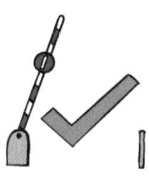

ok

Окей

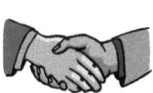

Olá

здравей

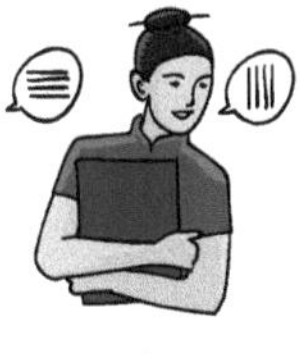

tradutor

преводач

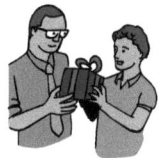

obrigado

Благодаря

quanto custa...?

Колко струва...?

eu não entendo

Не разбирам

problema

проблем

boa noite!

Добър вечер!

Bom dia!

Добро утро!

Boa noite!

Лека нощ!

até logo

довиждане

direção

посока

bagagem

багаж

bolsa

пътна чанта

mochila

раница

convidado

посетител

quarto

стая

saco de dormir

спален чувал

barraca

палатка

informação turística

уристическа информация

praia

плаж

cartão de crédito

кредитна карта

café da manhã

закуска

almoço

обед

jantar

вечеря

bilhete

билет

elevador

асансьор

selo

пощенска марка

fronteira

граница

alfândega

митница

embaixada

посолство

visto

виза

passaporte

паспорт

transporte

транспорт

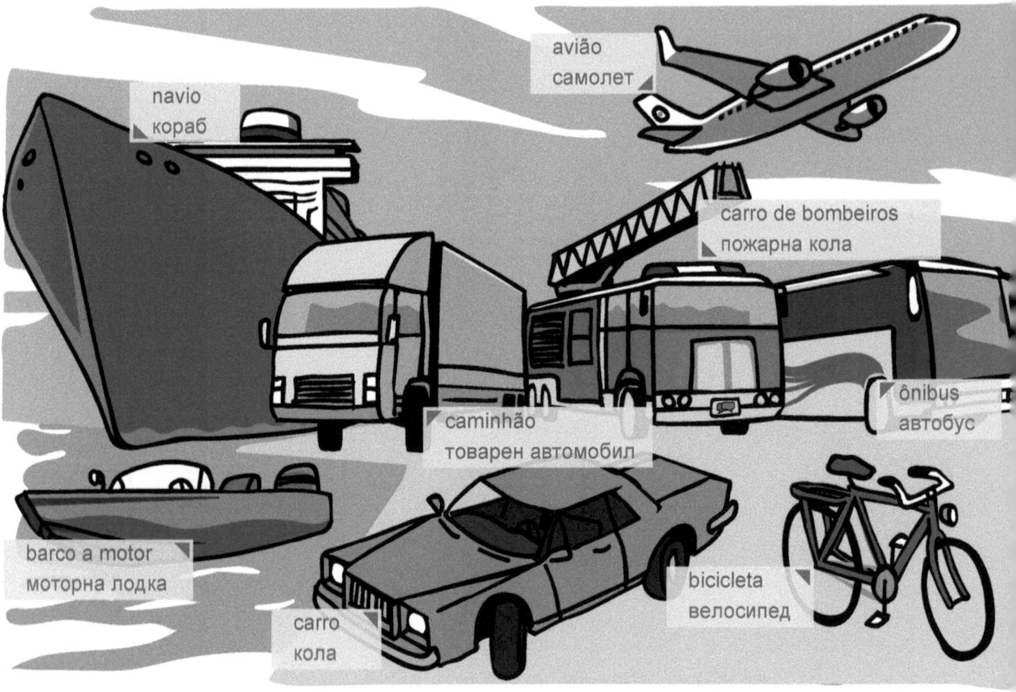
avião
самолет
navio
кораб
carro de bombeiros
пожарна кола
ônibus
автобус
caminhão
товарен автомобил
barco a motor
моторна лодка
bicicleta
велосипед
carro
кола

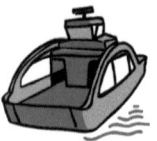

balsa

ферибот

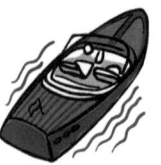

barco

лодка

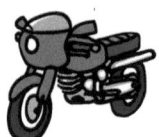

motocicleta

мотоциклет

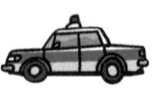

veículo policial

полицейска кола

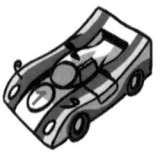

carro de corrida

състезателна кола

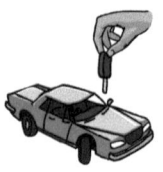

carro de aluguel

кола под наем

compartilhamento de automóvel

каршеринг

caminhão de reboque

автомобил от "Пътна помощ"

caminhão de lixo

сметовоз

motor

двигател

combustível

бензин

posto de gasolina

бензиностанция

placa de trânsito

пътен знак

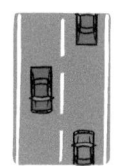

trânsito

улично движение

trânsito lento

задръстване

estacionamento

паркинг

estação de trem

гара

trilhos

релси

trem

влак

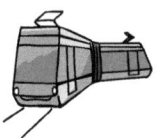

bonde

трамвай

vagão

вагон

transporte - транспорт

helicóptero

хеликоптер

aeroporto

аерогара

torre

кула

passageiro

пасажер

contêiner

контейнер

cartolina

кашон

carroça

ръчна количка

cesto

кошница

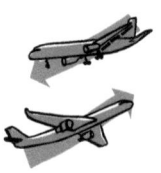

decolar / pousar

излитам / приземявам се

cidade

град

vilarejo

село

centro da cidade

градски център

casa

къща

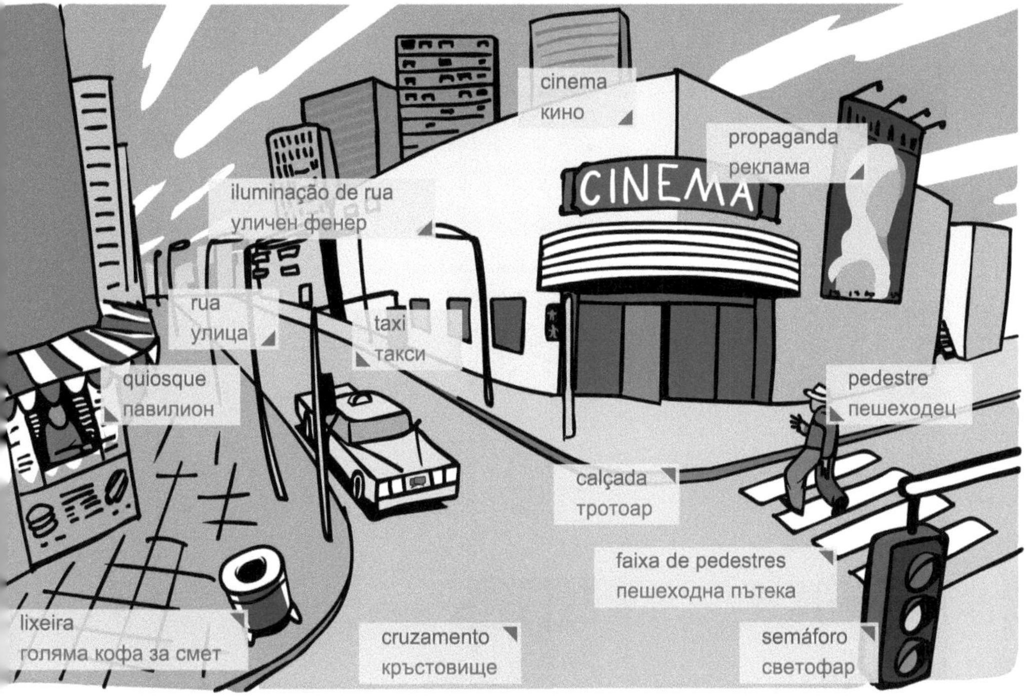

cinema
кино

propaganda
реклама

iluminação de rua
уличен фенер

rua
улица

taxi
такси

pedestre
пешеходец

quiosque
павилион

CINEMA

calçada
тротоар

faixa de pedestres
пешеходна пътека

lixeira
голяма кофа за смет

cruzamento
кръстовище

semáforo
светофар

cabana

хижа

apartamento

жилище

estação de trem

гара

prefeitura

кметство

museu

музей

escola

училище

universidade

университет

banco

банка

hospital

болница

hotel

хотел

farmácia

аптека

escritório

офис

livraria

книжарница

loja

магазин за цветя

floricultura

магазин за цветя

supermercado

супермаркет

mercado

пазар

loja de departamentos

универсален магазин

peixaria

търговец на риба

centro comercial

търговски център

porto

пристанище

cidade - град

parque

парк

banco

пейка

ponte

мост

escadas

стълба

metrô

метро

túnel

тунел

ponto de ônibus

автобусна спирка

bar

бар

restaurante

ресторант

caixa de correspondência

пощенска кутия

placa de rua

улична табелка

parquímetro

часовник за паркинг
престой

zoológico

зоологическа градина

piscina

плувен басейн

mesquita

джамия

fazenda

селски двор

poluição

замърсяване на околната среда

cemitério

гробище

igreja

църква

parquinho

детска площадка

templo

храм

paisagem

пейзаж

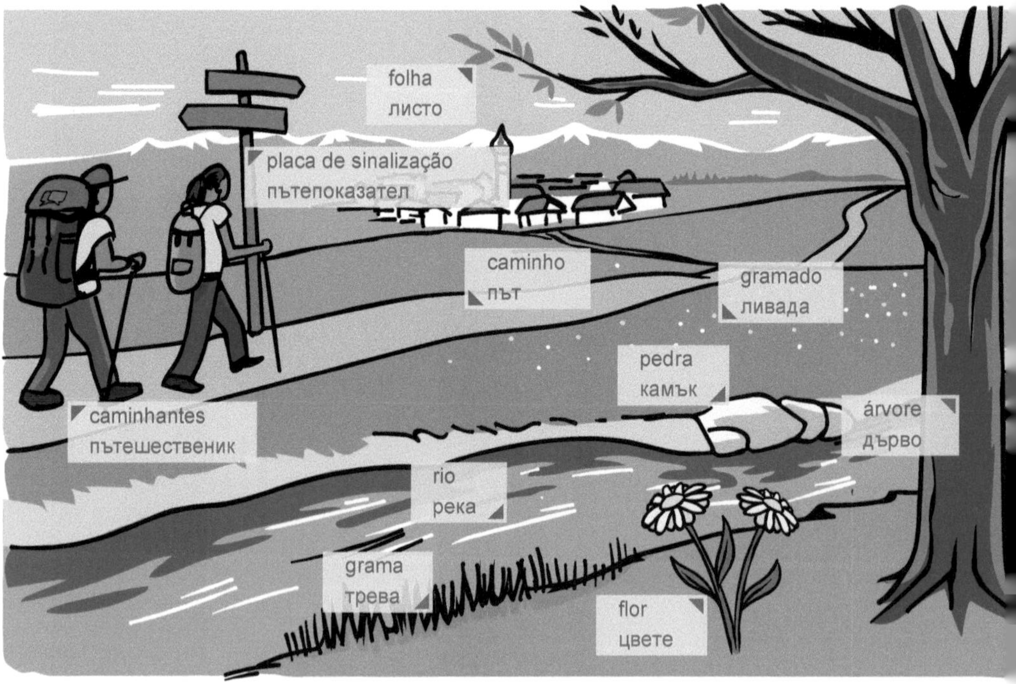

folha
листо

placa de sinalização
пътепоказател

caminho
път

gramado
ливада

pedra
камък

árvore
дърво

caminhantes
пътешественик

rio
река

grama
трева

flor
цвете

vale

долина

montanha

планина

lago

море

floresta

гора

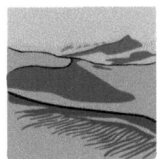

deserto

пустиня

vulcão

вулкан

castelo

замък

arco-íris

дъга

cogumelo

гъба

palmeira

палма

mosquito

комар

mosca

муха

formiga

мравка

abelha

пчела

aranha

паяк

besouro

бръмбар

sapo

жаба

esquilo

катеричка

ouriço

таралеж

lebre

заек

coruja

кукумявка

pássaro

птица

cisne

лебед

javali

диво прасе

veado

елен

alce

лос

barragem

бент

aerogerador

вятърна турбина

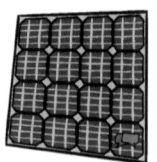

painel solar

соларен модул

clima

климат

paisagem - пейзаж

restaurante
ресторант

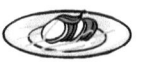

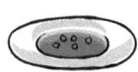

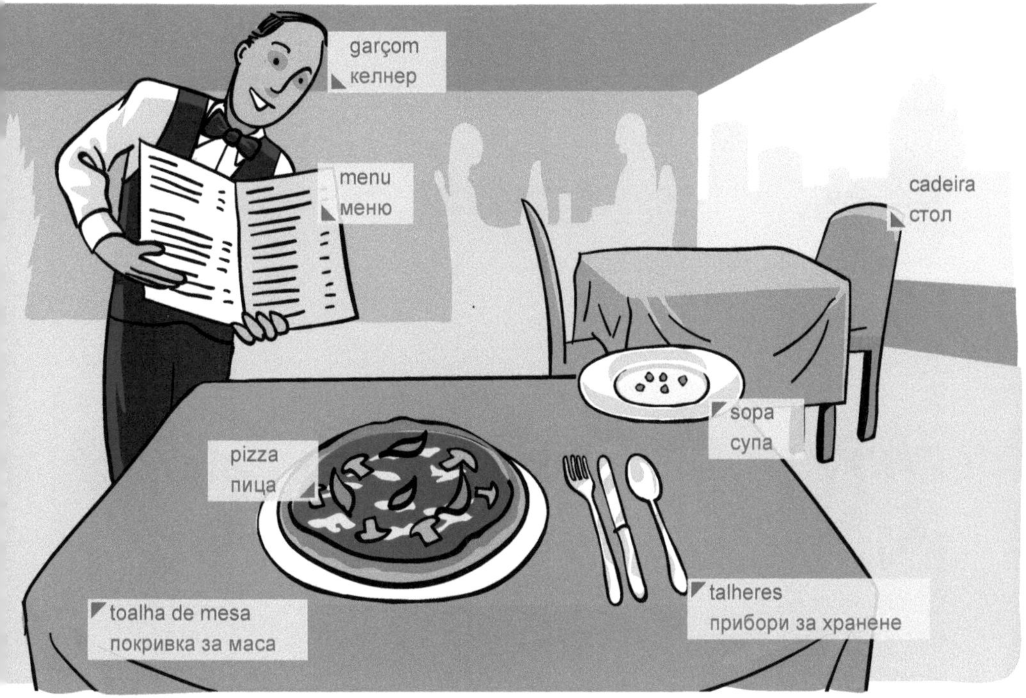
garçom
келнер
menu
меню
cadeira
стол
sopa
супа
pizza
пица
talheres
прибори за хранене
toalha de mesa
покривка за маса

entrada

предястие

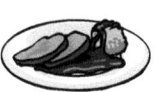

prato principal

основно ястие

sobremesa

десерт

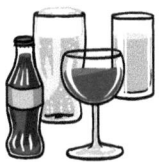

bebidas

напитки

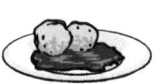

comida

ядене

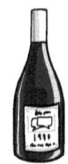

garrafa

бутилка

fastfood

бързо хранене

comida de rua

улична храна

bule de chá

кана за чай

açucareiro

кутия за захар

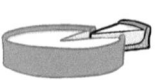

porção

порция

máquina de expresso

еспресо машина

cadeirão

висок детски стол

conta

сметка

bandeja

табла

faca

ножица за нокти

garfo

вилица

colher

лъжица

colher de chá

чаена лъжичка

guardanapo

салфетка

copo

стъклена чаша

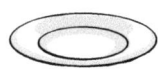

prato

чиния

prato de sopa

чиния за супа

pires

чинийка

molho

сос

saleiro

солница

moedor de pimenta

мелничка за черен пипер

vinagre

оцет

óleo

олио

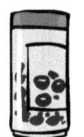

especiarias

подправки

ketchup

кетчуп

mostarda

горчица

maionese

майонеза

supermercado
супермаркет

oferta especial
оферта
FOR
cliente
клиент
laticínios
млечни продукти
frutas
плодове
carrinho de compras
количка за покупки

BUTCHERS

açougue

кланица

BAKERY

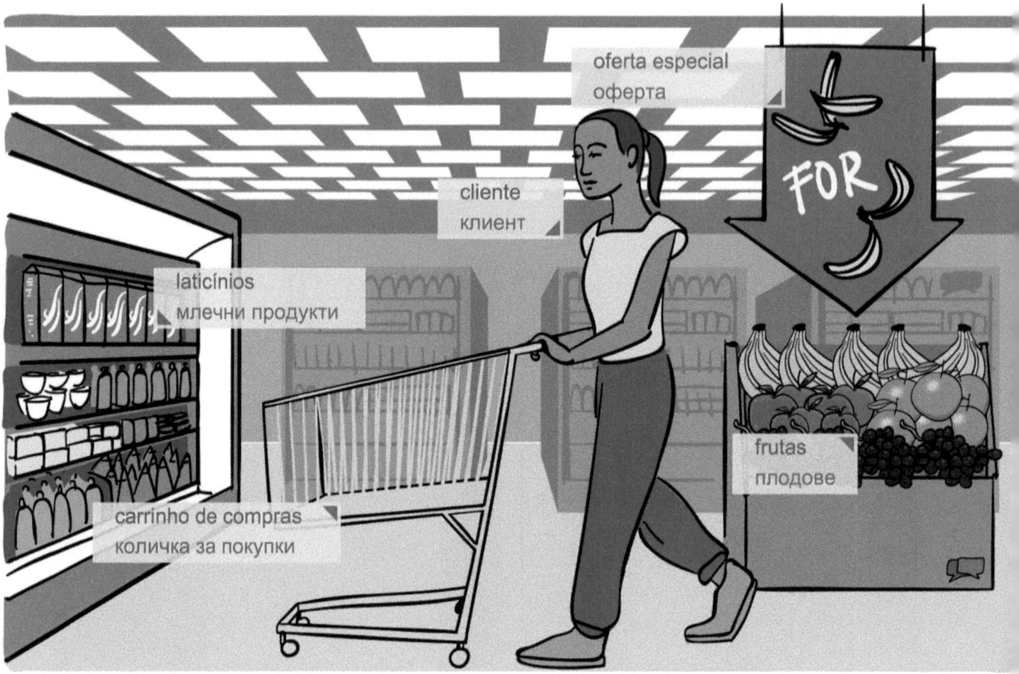

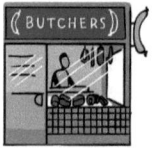

padaria

хлебарница

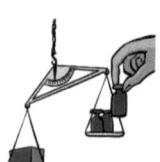

pesar

тегля

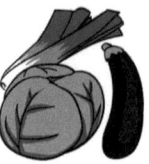

legumes

зеленчуци

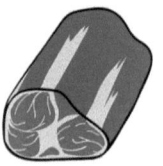

carne

месо

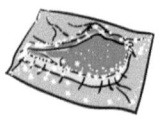

congelados

дълбоко замразена храна

charcutaria

нарязан колбас или сирене

conservas

консерви

detergente em pó

перилен препарат

doces

лакомства

artigos domésticos

домакински изделия

produtos de limpeza

почистващи препарати

vendedora

продавачка

caixa

каса

caixa

касиер

lista de compras

списък на покупките

horário de funcionamento

работно време

carteira

портфейл

cartão de crédito

кредитна карта

sacola

чанта

saco plástico

пластмасова торба

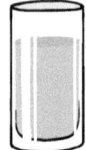

água

вода

suco

сок

leite

мляко

coca-cola

кола

vinho

вино

cerveja

бира

álcool

алкохол

cacau

какао

chá

чай

café

кафе машина

expresso

еспресо

cappuccino

капучино

banana

банан

maçã

ябълка

laranja

портокал

melão

пъпеш

limão

лимон

cenoura

морков

alho

чесън

bambu

бамбук

cebola

лук

cogumelo

гъба

nozes

ядки

macarrão

макарони

espaguete

спагети

arroz

ориз

salada

салата

batatas fritas

пържени картофи

batatas frias

печени картофи

pizza

пица

hambúrger

хамбургер

sanduíche

сандвич

escalope

шницел

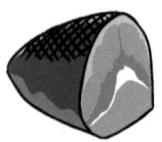

presunto

шунка

salame

траен колбас

salsicha

салам

galinha

пиле

assado

печено

peixe

риба

comida - ядене

flocos de aveia

овесени ядки

granola

мюсли

flocos de milho

корнфлейкс

farinha

брашно

croissant

кроасан

pãozinho

хлебчета

pão

хляб

torrada

препечена филийка

biscoitos

бисквити

manteiga

масло

requeijão

извара

bolo

сладкиш

ovo

яйце

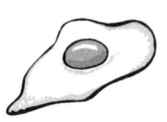

ovo frito

яйца на очи

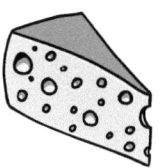

queijo

сирене

sorvete

сладолед

açúcar

захар

mel

мед

geleia

мармалад

creme de avelãs

нуга крем

curry

къри

fazenda

селски двор

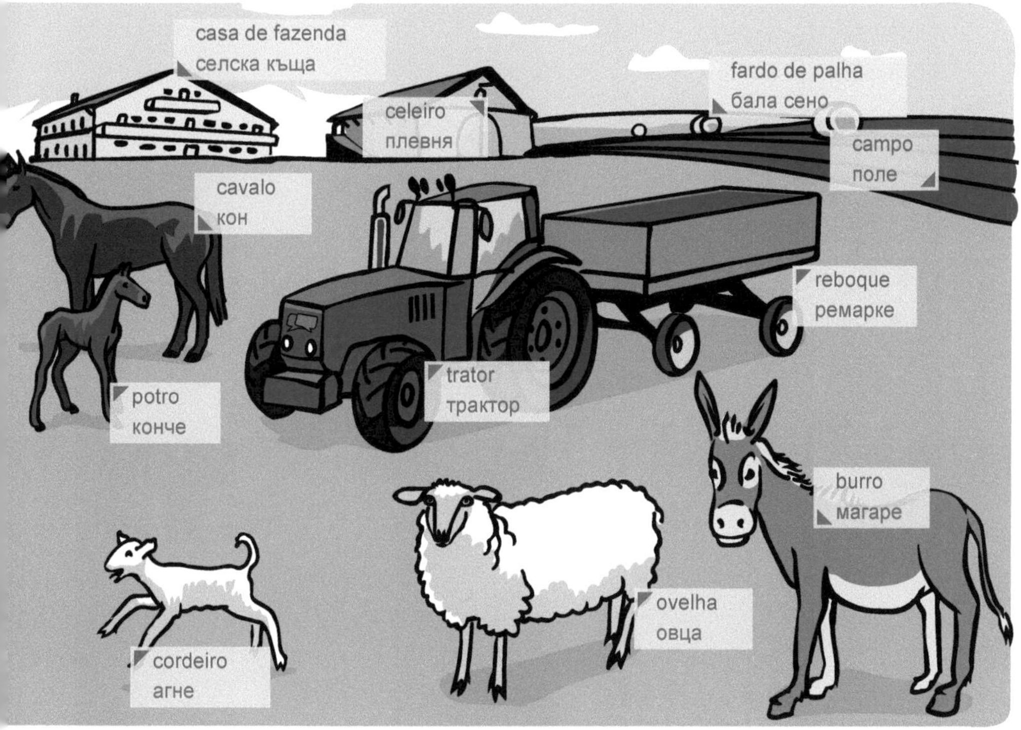
casa de fazenda
селска къща
celeiro
плевня
fardo de palha
бала сено
campo
поле
cavalo
кон
reboque
ремарке
potro
конче
trator
трактор
burro
магаре
ovelha
овца
cordeiro
агне

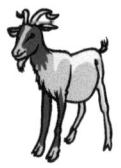

cabra

коза

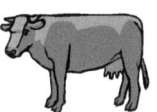

vaca

крава

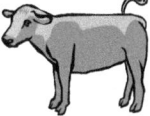

bezerro

теле

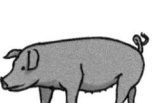

porco

свиня

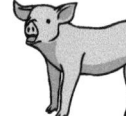

leitão

прасенце

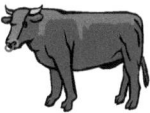

touro

бик

ganso

гъска

pato

патица

pintinho

пиленце

galinha

кокошка

galo

петел

ratazana

плъх

gato

котка

camundongo

мишка

boi

вол

cachorro

куче

casinha do cachorro

кучешка колиба

mangueira de jardim

градински маркуч

regador

лейка

foice

коса

arado

плуг

foice
....
сърп

enxada
....
мотика

forquilha
....
вила за тор

machado
....
брадва

carrinho de mão
....
ръчна количка

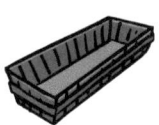

manjedoura
....
корито

jarra de leite
....
съд за мляко

saco
....
чувал

cerca
....
ограда

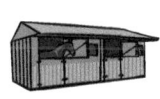

estábulo
....
обор

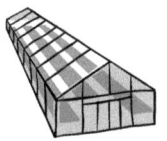

estufa
....
парник

solo
....
земя

semente
....
сеитба

fertilizante
....
тор

colheitadeira
....
комбайн

colher

жъна

colheita

реколта

inhame

ямс

trigo

жито

soja

соя

batata

картоф

milho

царевица

colza

рапица

árvore frutífera

овощно дърво

mandioca

маниока

cereais

зърнени храни

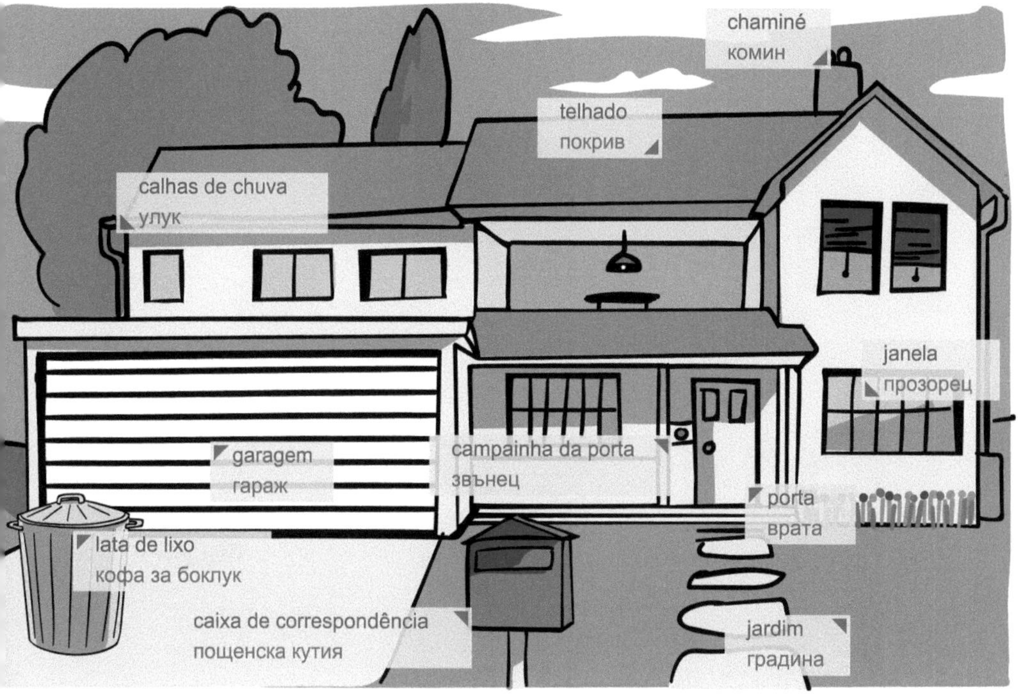

chaminé
комин

telhado
покрив

calhas de chuva
улук

janela
прозорец

garagem
гараж

campainha da porta
звънец

porta
врата

lata de lixo
кофа за боклук

caixa de correspondência
пощенска кутия

jardim
градина

sala de estar
всекидневна

banheiro
баня

cozinha
кухня

quarto de dormir
спалня

quarto de criança
детска стая

sala de jantar
трапезария

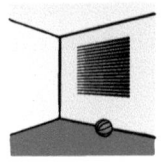

chão
под

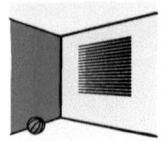

parede
стена

teto
таван

porão
изба

sauna
сауна

varanda
балкон

terraço
тераса

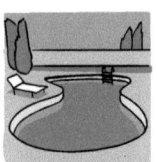

piscina
плувен басейн

cortador de grama
косачка

lençol
спално бельо

coberta
покривка за легло

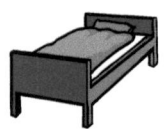

cama
легло

vassoura
метла

balde
кофа

interruptor
електрически ключ

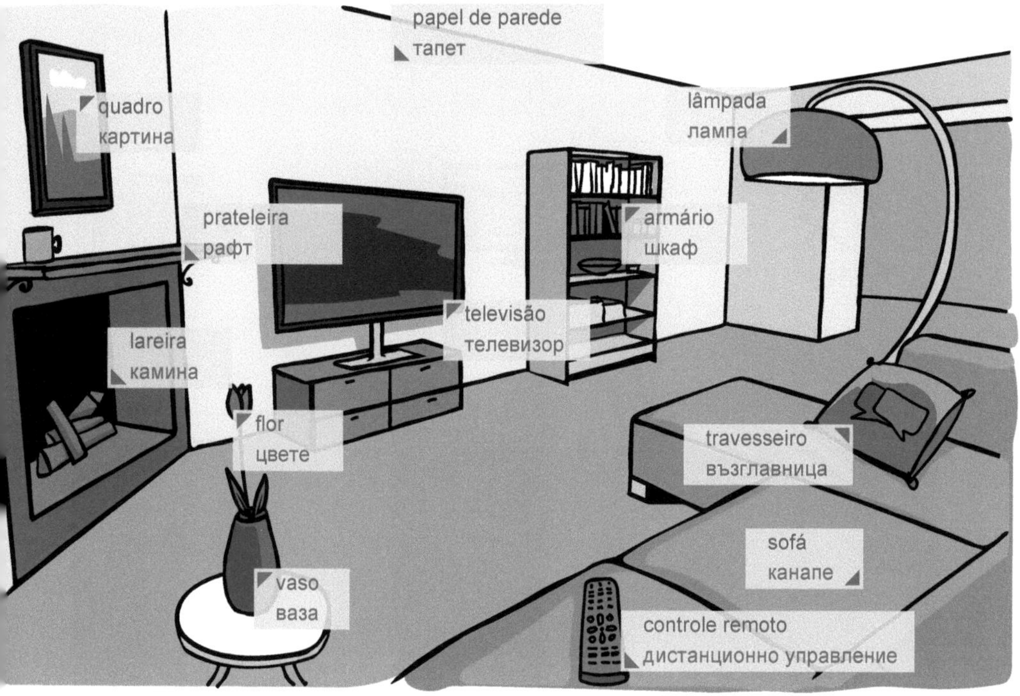

papel de parede
тапет

quadro
картина

lâmpada
лампа

prateleira
рафт

armário
шкаф

televisão
телевизор

lareira
камина

flor
цвете

travesseiro
възглавница

sofá
канапе

vaso
ваза

controle remoto
дистанционно управление

tapete
килим

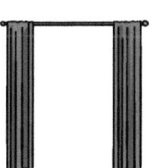

cortina
завеса

mesa
маса

cadeira
стол

cadeira de balanço
люлеещ се стол

poltrona
кресло

livro

книга

cobertor

одеяло

decoração

декорация

lenha

дърва за отопление

filme

филм

equipamento de som

стерео уредба

chave

ключ

jornal

вестник

pintura

живопис

pôster

постер

rádio

радио

bloco de notas

бележник

aspirador

прахосмукачка

cacto

кактус

vela

свещ

cozinha

кухня

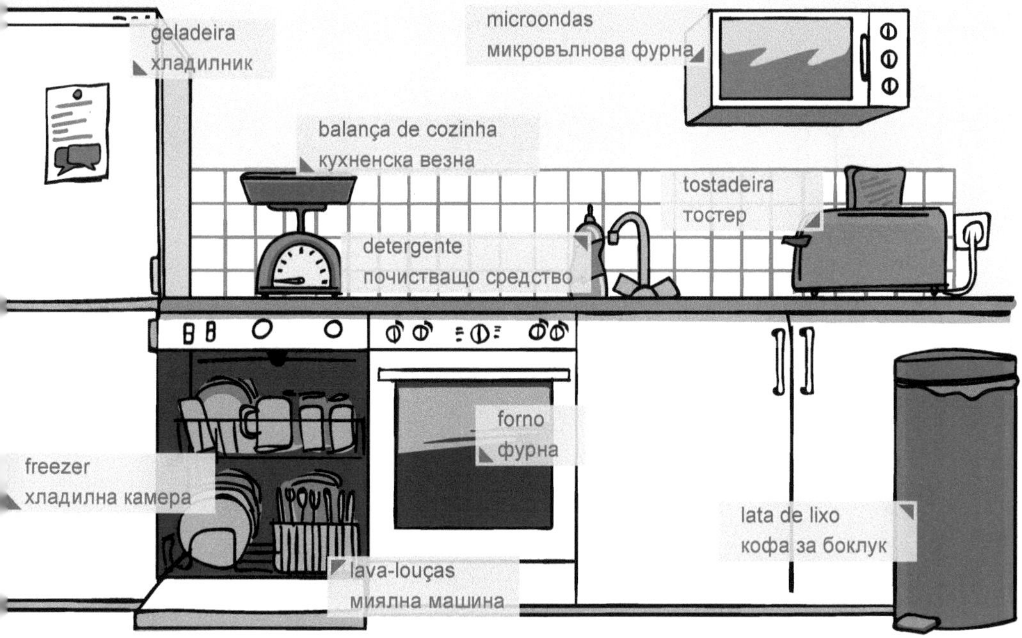
geladeira
хладилник
microondas
микровълнова фурна
balança de cozinha
кухненска везна
tostadeira
тостер
detergente
почистващо средство
forno
фурна
freezer
хладилна камера
lata de lixo
кофа за боклук
lava-louças
миялна машина

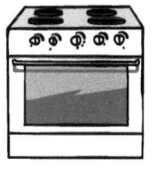

fogão

готварска печка

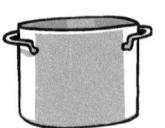

panela

тенджера

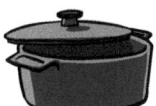

panela de ferro

желязна тенджера

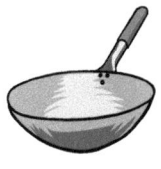

wok / kadai

уок / кадаи

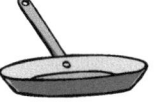

frigideira

тиган

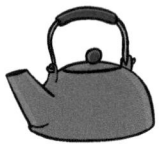

chaleira

кана за затопляне на вода

panela a vapor

уред за готвене на пара

tabuleiro de forno

тава за печене

louça

съдове

caneca

чаша

caçarola

купа

hashi

клечки за хранене

concha de sopa

черпак

espátula

лопатка за тиган

batedor

тел за разбиване (на яйца, белтъци)

escorredor

кошница за варене

peneira

гевгир

ralador

ренде

almofariz

хаван

churrasqueira

барбекю

lareira

огнище

tábua de cortar

дъска

rolo da massa

точилка

saca-rolhas

тирбушон

lata

кутия

abridor de latas

отварачка за консерви

pegador de panela

кухненска ръкохватка

pia

мивка

escova

четка

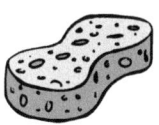

esponja

гъба

liquidificador

миксер

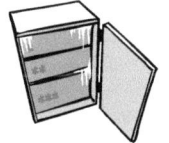

congelador

фризер

mamadeira

бебешко шише

torneira

воден кран

banheiro
баня

aquecimento
отопление
ducha
душ
toalha
хавлиена кърпа
cortina de chuveiro
завеса за баня
banho de espuma
шампоан за вана
banheira
вана
copo
стъклена чаша
lava-roupa
перална машина
torneira
воден кран
azulejos
плочки
penico
гърне
pia
мивка

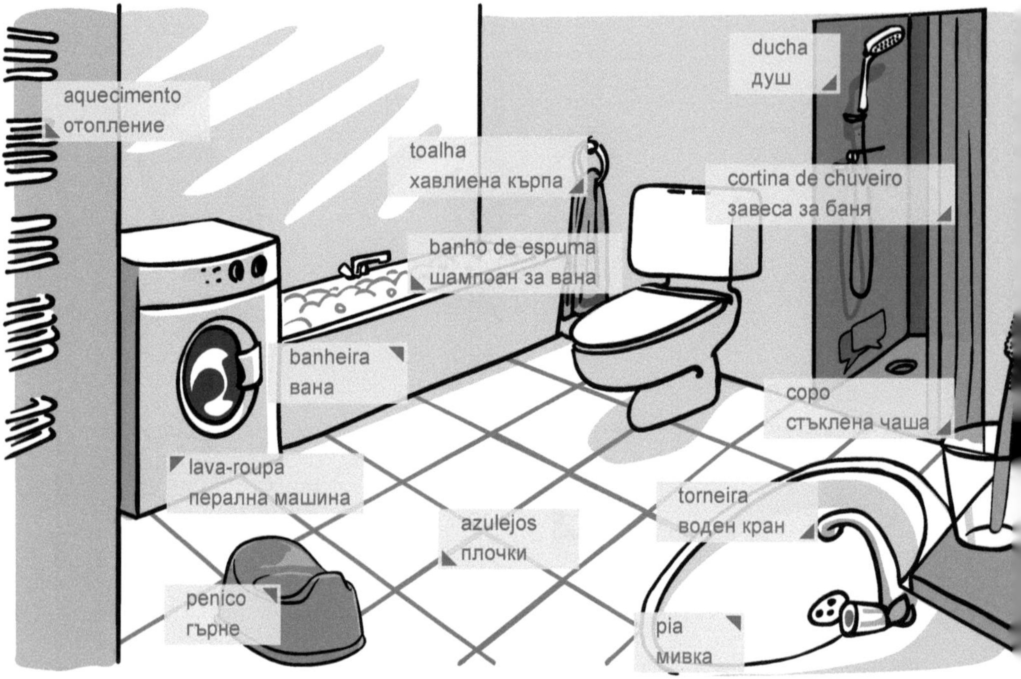

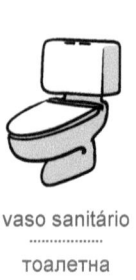

vaso sanitário

тоалетна

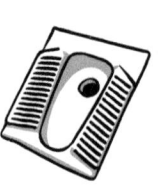

lavabo de agachar

клекало

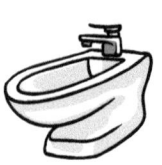

bidê

биде

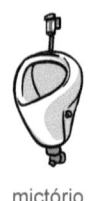

mictório

писоар

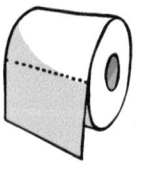

papel higiênico

тоалетна хартия

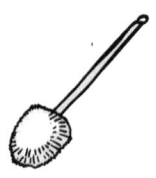

escova de privada

четка за тоалетна

escova de dentes

четка за зъби

pasta de dentes

паста за зъби

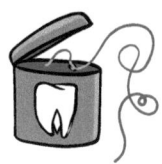

fio dental

конец за зъби

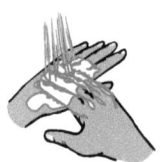

lavar

мия

ducha de mão

ръчен душ

ducha íntima

интимен душ

bacia

леген

escova para as costas

четка за гръб

sabonete

сапун

gel de banho

душ гел

xampu

шампоан за вана

toalha de rosto

гъба за баня

escoamento

сифон

creme

крем

desodorante

дезодорант

espelho

огледало

espelho de mão

козметично огледало

barbeador

ръчна самобръсначка

espuma de barbear

пяна за бръснене

loção pós-barba

одеколон за след
бръснене

pente

гребен

escova

четка

secador de cabelo

сешоар

spray de cabelo

спрей за коса

maquiagem

грим

batom

червило

esmalte de unhas

лак за нокти

algodão

памук

tesoura para unhas

ножица за нокти

perfume

парфюм

nécessaire

тоалетна чантичка

banquinho

табуретка

balança

везна

roupão de banho

хавлия

luvas de borracha

домакински ръкавици

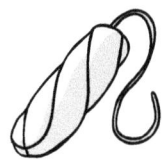

absorvente interno

тампон

absorvente íntimo

дамски превръзки

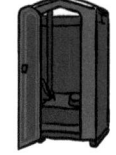

banheiro químico

химическа тоалетна

quarto de criança

детска стая

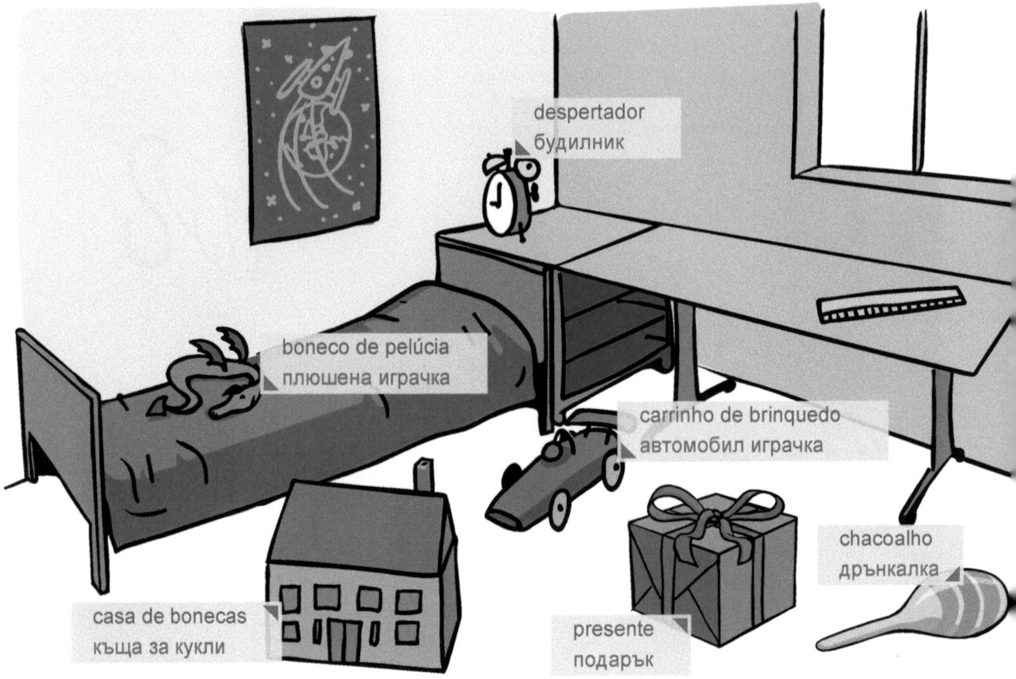

despertador
будилник
boneco de pelúcia
плюшена играчка
carrinho de brinquedo
автомобил играчка
chacoalho
дрънкалка
casa de bonecas
къща за кукли
presente
подарък

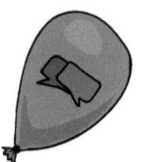

balão

балон

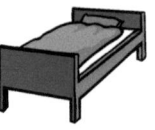

cama

легло

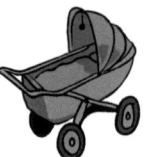

carrinho de bebê

детска количка

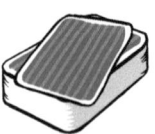

jogo de cartas

игра на карти

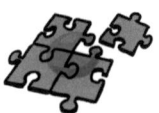

quebra-cabeças

пъзел

SUPER MEGA

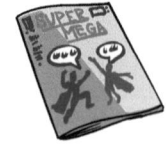

revista de quadrinhos

комикс

peças de Lego

лего елементи

blocos de construção

строителни елементи

figura de ação

екшън фигурка

macaquinho de bebê

бебешки гащеризон

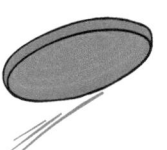

frisbee

фрисби

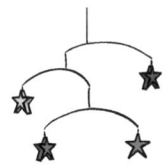

móbile para bebé

бебешки играчки за легло

jogo de tabuleiro

настолна игра

dados

зарче

trenzinho elétrico

миниатюрно влакче

chupeta

биберон

festa

парти

livro ilustrado

детска книга с илюстрации

bola

топка

boneca

кукла

brincar

играя

caixa de areia

пясъчник

balanço

люлка

brinquedos

играчка

videogame

игрова конзола

triciclo

велосипед с три колелета

ursinho de pelúcia

плюшено мече

guarda-roupa

гардероб

vestuário

облекло

meias

къси чорапи

meias pelo joelho

дълги чорапи

meias-calças

чорапогащник

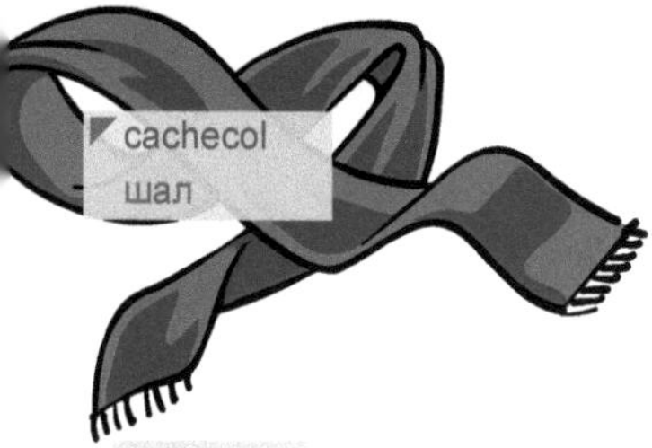

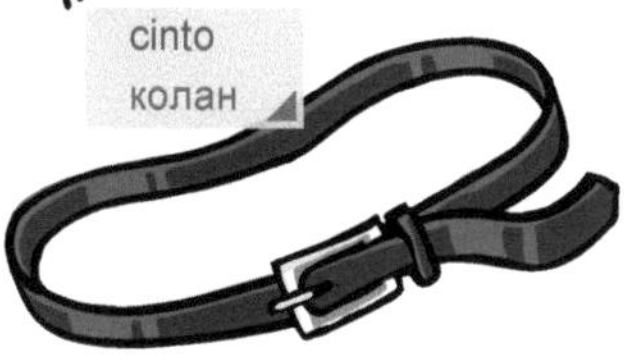

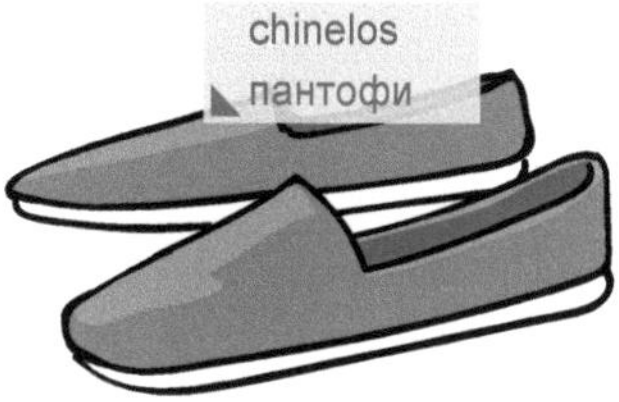

cachecol
шал

guarda-chuva
чадър

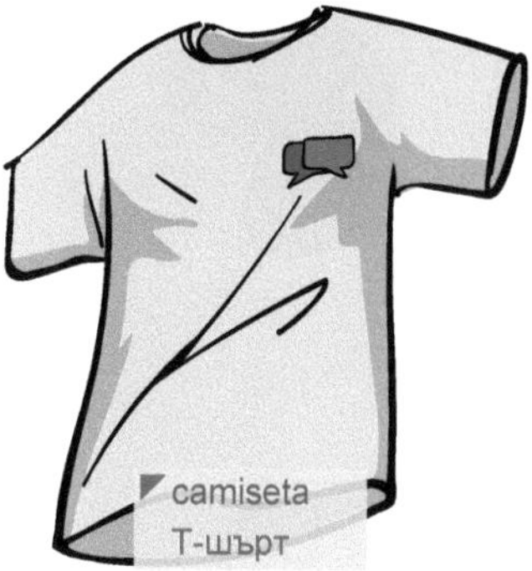

camiseta
Т-шърт

cinto
колан

botas
ботуши

chinelos
пантофи

tênis
гуменки

sandálias
сандали

sapatos
обувки

botas de borracha
гумени ботуши

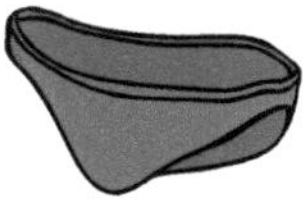

roupa de baixo
слип

sutiã
сутиен

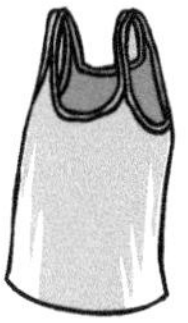

camiseta de baixo
долна блуза

body

боди

calças

панталон

jeans

дънки

saia

пола

blusa

блуза

camisa

риза

pulôver

пуловер

suéter com capuz

суичър

blazer

блейзър

jaqueta

яке

casaco

палто

gabardine

дъждобран

traje

костюм

vestido

рокля

vestido de casamento

булчинска рокля

terno
костюм

camisola
нощница

pijama
пижама

sari
сари

lenço de cabeça
кърпа за глава

turbante
тюрбан

burca
бурка

cafetã
кафтан

abaya
абая

maiô
бански костюм

sunga
плувни шорти

shorts
къс панталон

roupa de treino
анцуг

avental
престилка

luvas
ръкавици

botão

копче

óculos

очила

pulseira

гривна

colar

верижка

anel

пръстен

brinco

обеца

boné

каскет

cabide

закачалка

chapéu

шапка

gravata

вратовръзка

zíper

цип

capacete

каска

suspensórios

тиранти

uniforme escolar

ученическа униформа

uniforme

униформа

babador

лигавник

chupeta

биберон

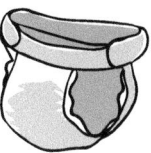

fralda

пелена

servidor
сървър

armário de arquivos
шкаф за документи

impressora
принтер

papel
хартия

monitor
монитор

escrivaninha
бюро

mouse
мишка

pasta
папка

teclado
клавиатура

cesto de lixo
кошче за хартиени отпадъци

cadeira
стол

computador
компютър

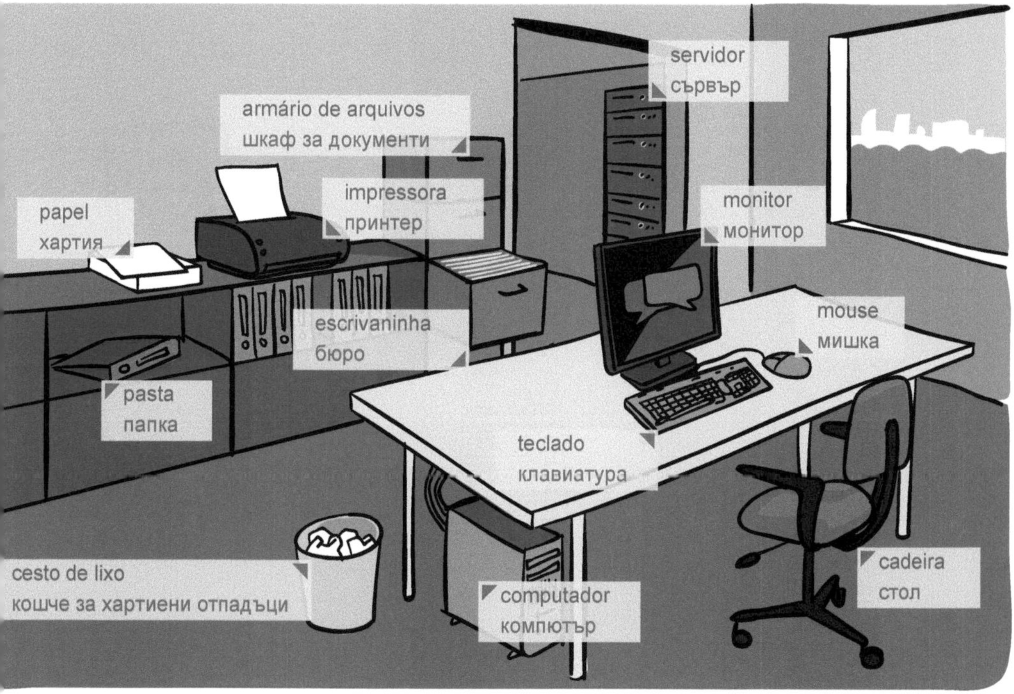

xícara de café

чаша за кафе

calculadora

джобен калкулатор

internet

интернет

escritório - офис

laptop

лаптоп

carta

писмо

mensagem

съобщение

celular

мобилен телефон

rede

мрежа

copiadora

ксерокс

software

софтуер

telefone

телефон

tomada

контакт

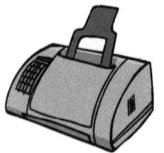

fax

факс

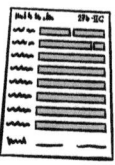

formulário

формуляр

documento

документ

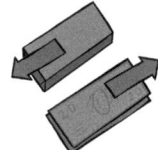

comprar

купувам

pagar

плащам

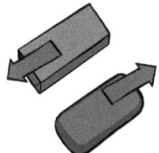

negociar

търгувам

dinheiro

пари

USD

Dólar

долар

EUR

Euro

евро

JPY

Yen

йена

RUB

rublo

рубла

CHF

franco suíço

швейцарски франк

CNY

renminbi yuan

ренминби юан

INR

rupia

рупия

caixa eletrônico

банкомат

casa de câmbio

обменно бюро

ouro

злато

prata

сребро

petróleo

нефт

energia

енергия

preço

цена

contrato

договор

imposto

данък

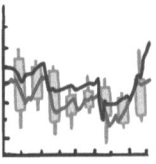

ação

акция

trabalhar

работя

empregado

служител

empregador

работодател

fábrica

фабрика

loja

магазин за цветя

profissões
професии

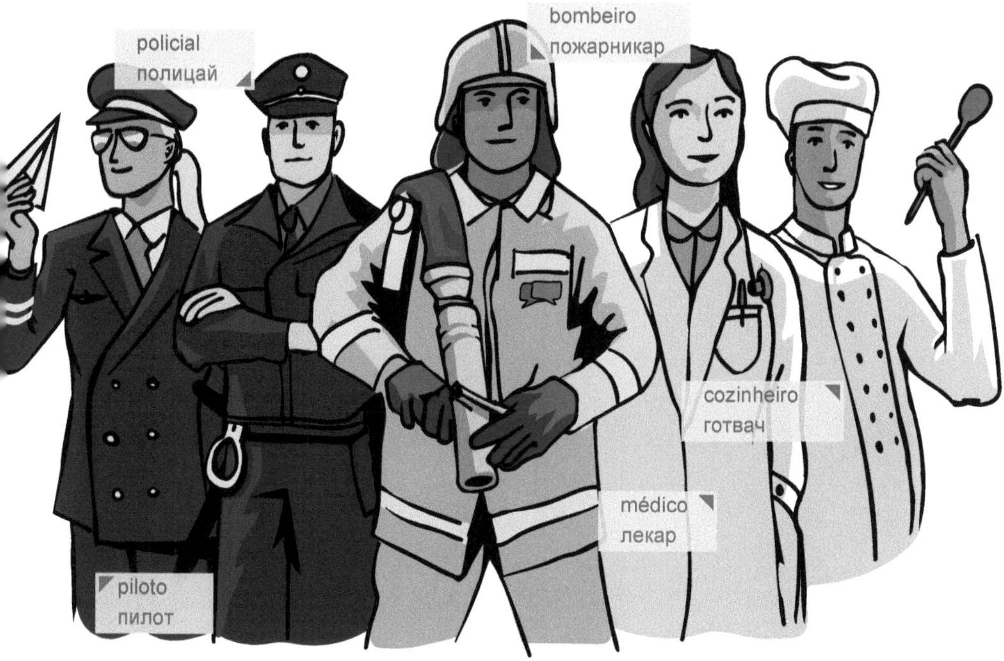
policial
полицай
bombeiro
пожарникар
cozinheiro
готвач
médico
лекар
piloto
пилот

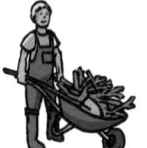

jardineiro

градинар

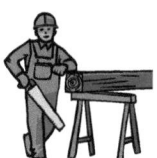

marceneiro

мебелист

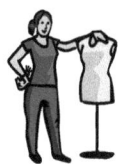

costureira

шивачка

juiz

съдия

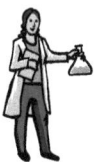

químico

химик

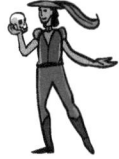

ator

артист

motorista de ônibus

шофьор на автобус

motorista de táxi

шофьор на такси

pescador

рибар

faxineira

чистачка

telhador

майстор на покриви

garçom

келнер

caçador

ловец

pintor

художник

padeiro

хлебар

eletricista

електротехник

construtor

строителен работник

engenheiro

инженер

açougueiro

касапин

encanador

тенекеджия

carteiro

пощальон

soldado

войник

arquiteto

архитект

caixa

касиер

florista

цветар

cabelereiro

фризьор

condutor

кондуктор

mecânico

механик

capitão

капитан

dentista

зъболекар

cientista

научен работник

rabino

равин

imam

имàм

monge

монах

pastor

свещеник

ferramentas
инструменти

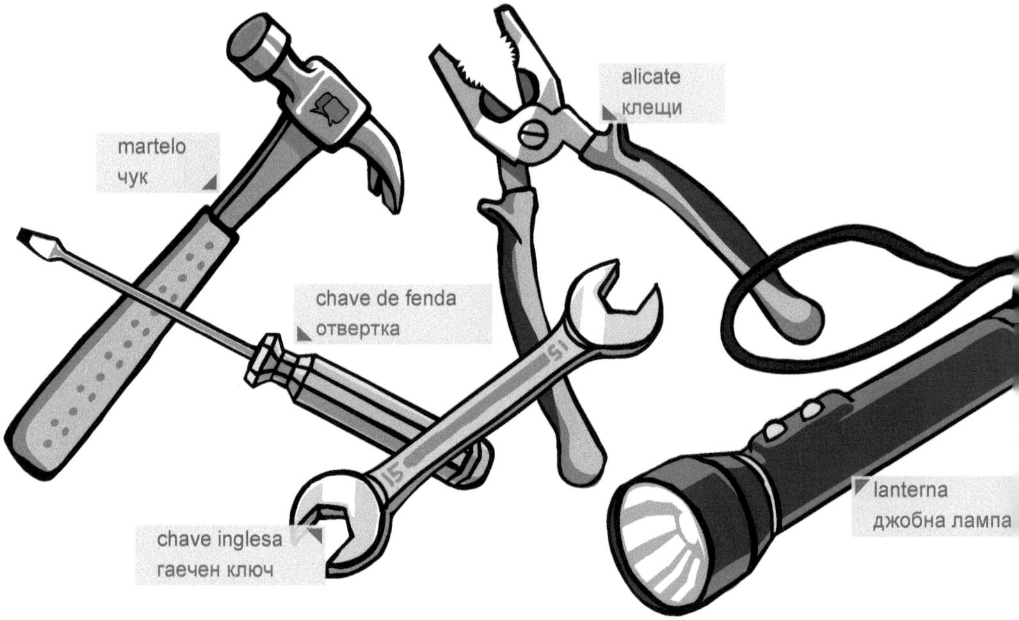
martelo
чук
alicate
клещи
chave de fenda
отвертка
chave inglesa
гаечен ключ
lanterna
джобна лампа

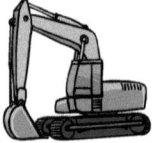

escavadora

багер

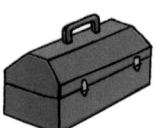

caixa de ferramentas

кутия за инструменти

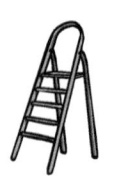

escada de mão

стълба

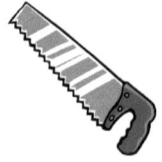

serra

трион

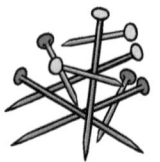

pregos

пирони

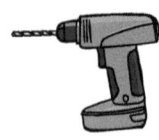

furadeira

бормашина

consertar

ремонтирам

pá

лопата

Droga!

По дяволите!

pá de lixo

лопатка за смет

pote de tinta

кутия за боя

parafusos

болтове

instrumentos musicais
музикални инструменти

bateria
ударни инструменти

alto-falante
високоговорител

contrabaixo
контрабас

trompete
тромпет

guitarra
китара

piano

пиано

violino

виолина

baixo

контрабас

timbales

тимпан

tambor

барабан

teclado

електрическо пиано

saxofone

саксофон

flauta

флейта

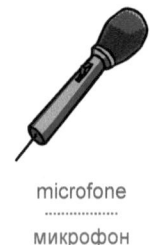

microfone

микрофон

zoológico

зоологическа градина

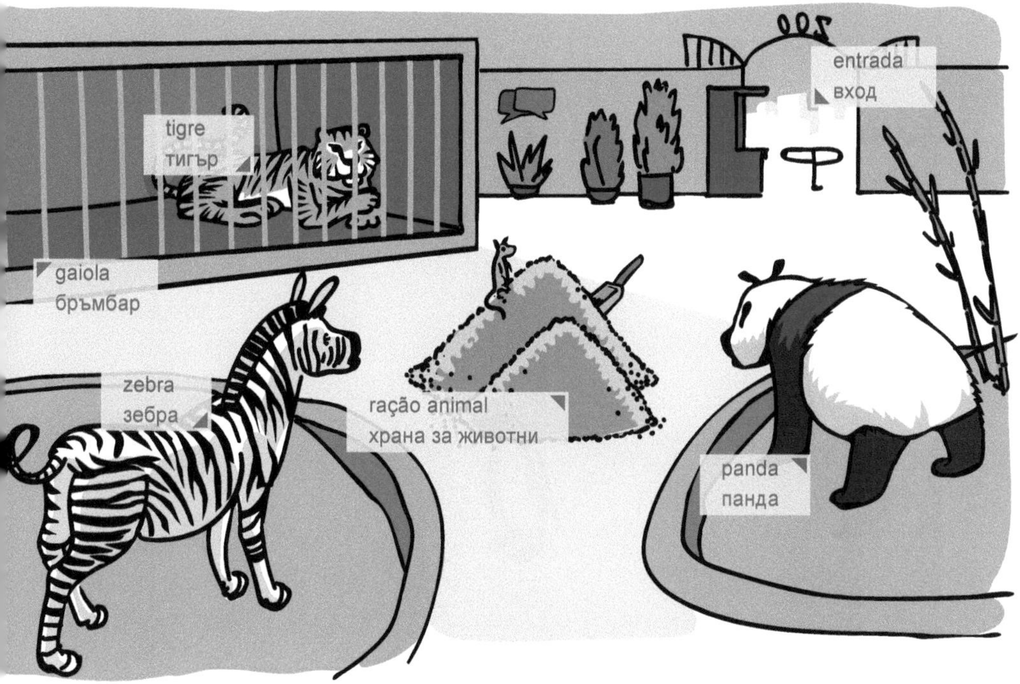
tigre
тигър
entrada
вход
gaiola
бръмбар
zebra
зебра
ração animal
храна за животни
panda
панда

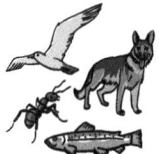

animais

животни

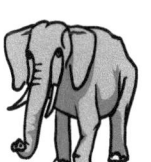

elefante

слон

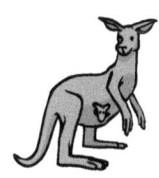

canguru

кенгуру

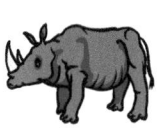

rinoceronte

носорог

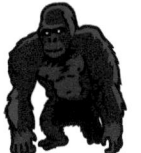

gorila

горила

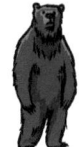

urso

мечка

camelo

камила

avestruz

щраус

leão

лъв

macaco

маймуна

flamingo

фламинго

papagaio

папагал

urso polar

бяла мечка

pinguim

пингвин

tubarão

акула

pavão

паун

cobra

змия

crocodilo

крокодил

guarda do zoológico

пазач в зоологическа
градина

foca

тюлен

jaguar

ягуар

pônei

пони

leopardo

леопард

hipopótamo

хипопотам

girafa

жираф

águia

орел

javali

диво прасе

peixe

риба

tartaruga

костенурка

morsa

морж

raposa

лисица

gazela

газела

futebol americano
американски футбол

ciclismo
колоездене

tênis
тенис

basquete
баскетбол

natação
плуване

boxe
бокс

hóquei no gelo
хокей на лед

futebol
футбол

badminton
бадминтон

atletismo
лека атлетика

handebol
хандбал

esqui
ски бягане

polo
поло

atividades
дейности

rir
смея се
pular
скачам
abraçar
прегръщам
andar
вървя
cantar
пея
sonhar
сънувам
rezar
моля се
beijar
целувам

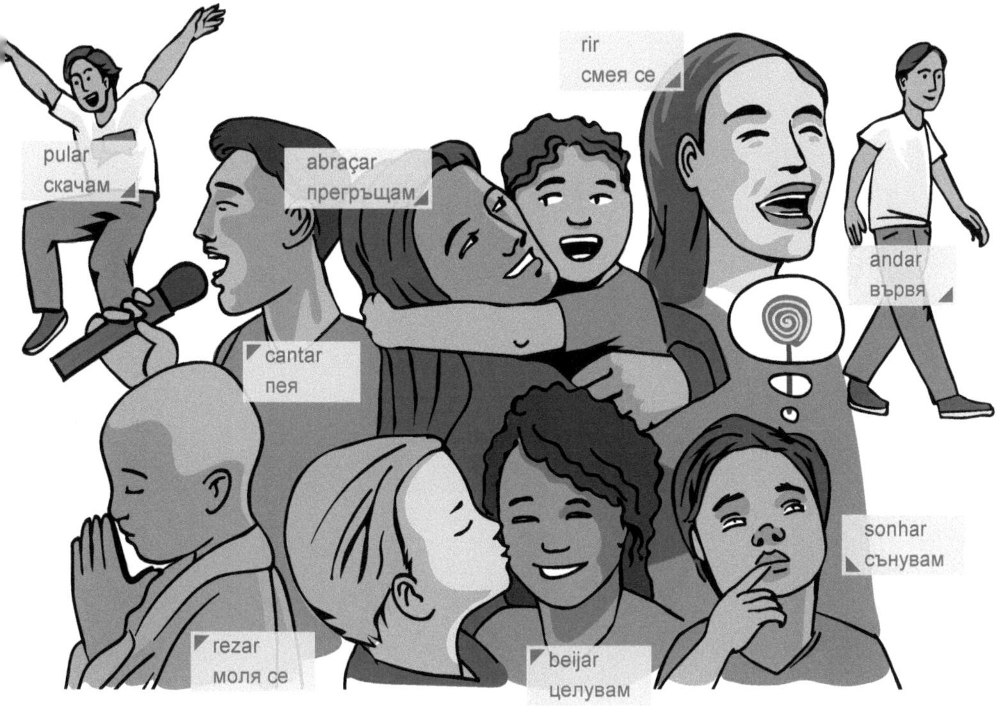

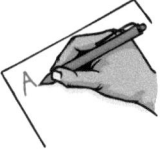

escrever
пиша

desenhar
рисувам

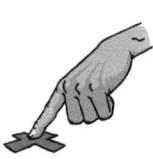

mostrar
показвам

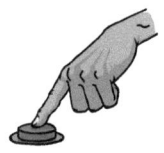

empurrar
бутам

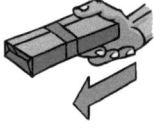

dar
давам

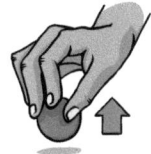

tomar
взимам

ter

имам

fazer

правя

ser

съм

ficar de pé

стоя

correr

тичам

puxar

дърпам

jogar

хвърлям

cair

падам

deitar

лежа

esperar

чакам

carregar

нося

sentar

седя

vestir

обличам

dormir

спя

despertar

събуждам се

atividades - дейности

olhar para

разглеждам

chorar

плача

acariciar

милвам

pentear

реша се

falar

говоря

entender

разбирам

perguntar

питам

ouvir

слушам

beber

пия

comer

ям

arrumar

разтребвам

amar

обичам

cozinhar

готвя

dirigir

карам автомобил

voar

летя

velejar

плавам (с платна)

calcular

смятане

ler

чета

aprender

уча

trabalhar

работя

casar

женя се

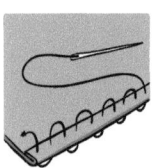

costurar

шия

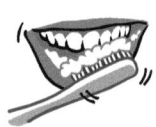

escovar os dentes

измивам си зъбите

matar

убивам

fumar

пуша

enviar

изпращам

família
семейство

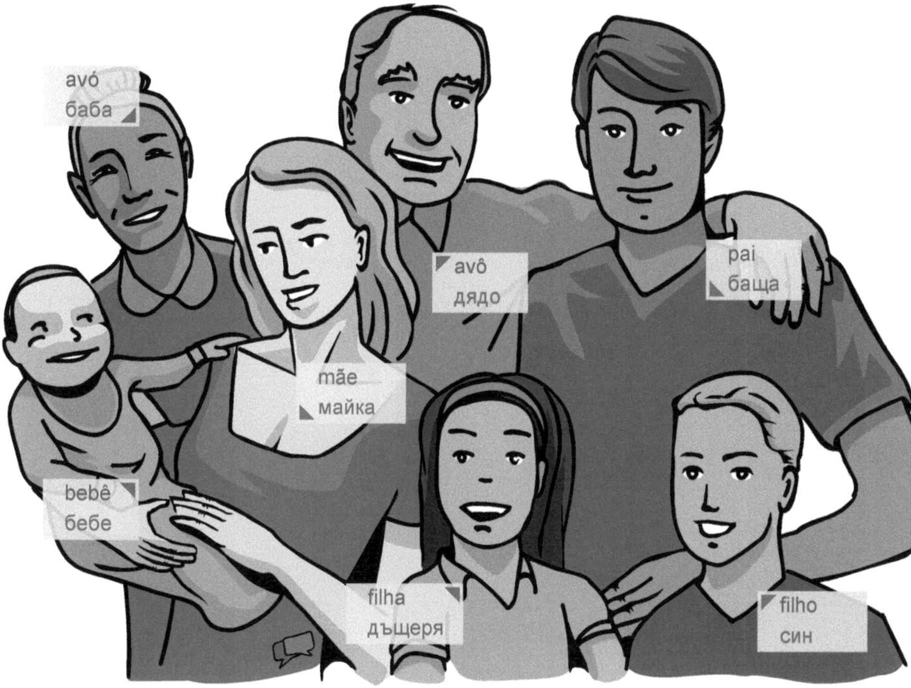
avó
баба
avô
дядо
pai
баща
mãe
майка
bebê
бебе
filha
дъщеря
filho
син

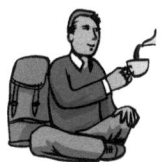

convidado

посетител

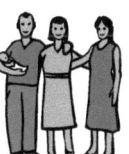

tia

леля

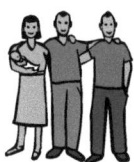

tio

чичо

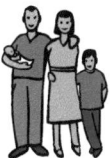

irmão

брат

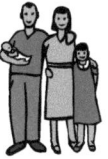

irmã

сестра

corpo

тяло

testa
чело
olho
око
ombro
рамо
dedo
пръст
rosto
лице
queixo
брадичка
mão
ръка
perna
крак
peito
гърди
braço
ръка

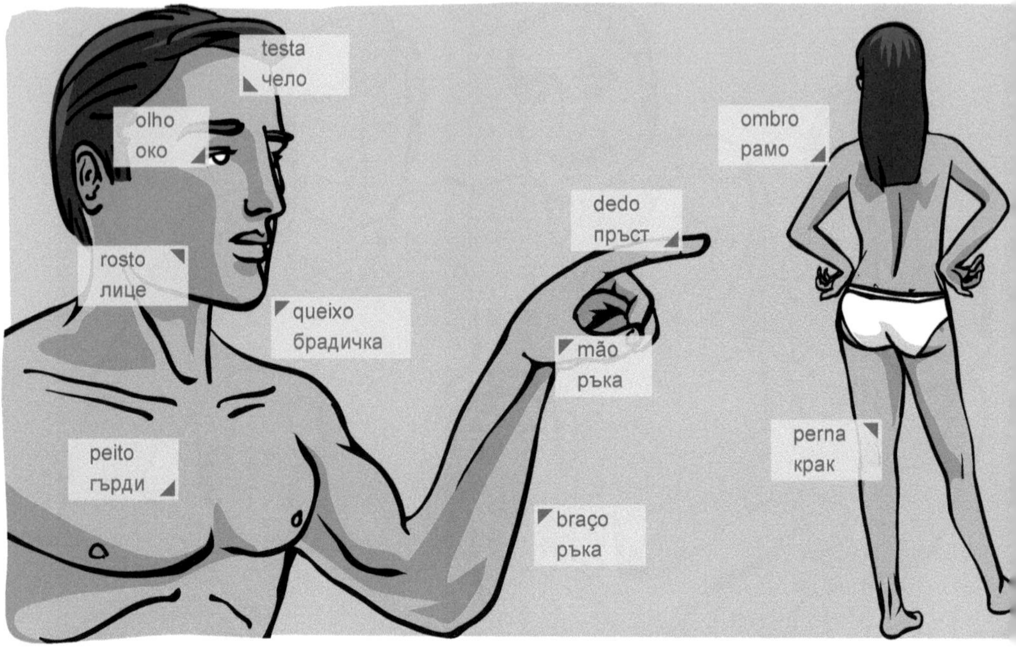

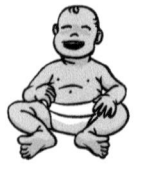

bebê

бебе

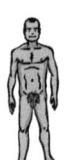

homem

мъж

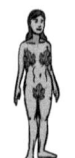

mulher

жена

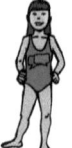

menina

момиче

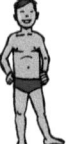

menino

момче

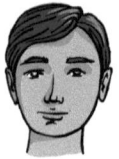

cabeça

глава

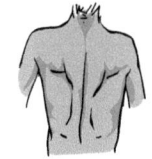

costas

гръб

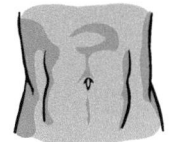

barriga

корем

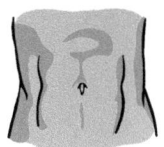

umbigo

пъп

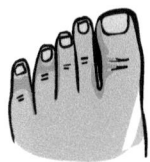

dedo do pé

пръст на крака

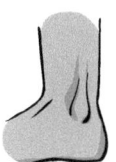

calcanhar

пета

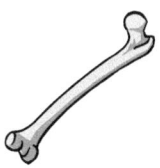

osso

кост

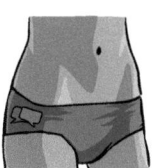

anca

хълбок

joelho

коляно

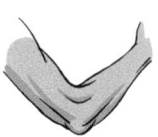

cotovelo

лакът

nariz

нос

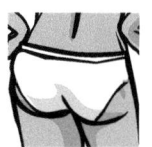

nádegas

седалище

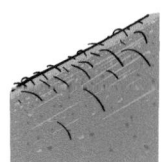

pele

кожа

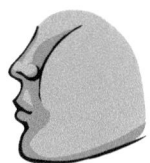

bochecha

буза

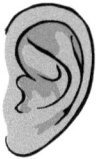

orelha

ухо

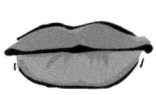

lábio

устна

boca

уста

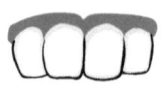

dente

зъб

língua

език

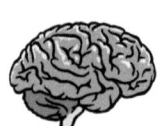

cérebro

мозък

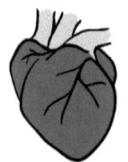

coração

сърце

músculo

мускул

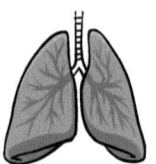

pulmão

бял дроб

fígado

черен дроб

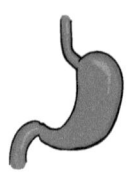

estômago

стомах

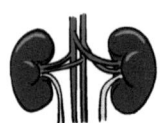

rins

бъбреци

relações sexuais

полово сношение

preservativo

кондом

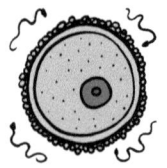

óvulo

яйцеклетка

esperma

сперма

gravidez

бременност

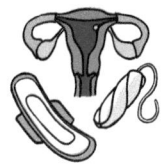

menstruação

менструация

vagina

вагина

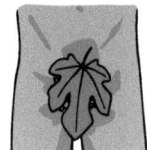

pênis

пенис

sobrancelha

вежда

cabelo

коса

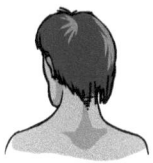

pescoço

шия

hospital

болница

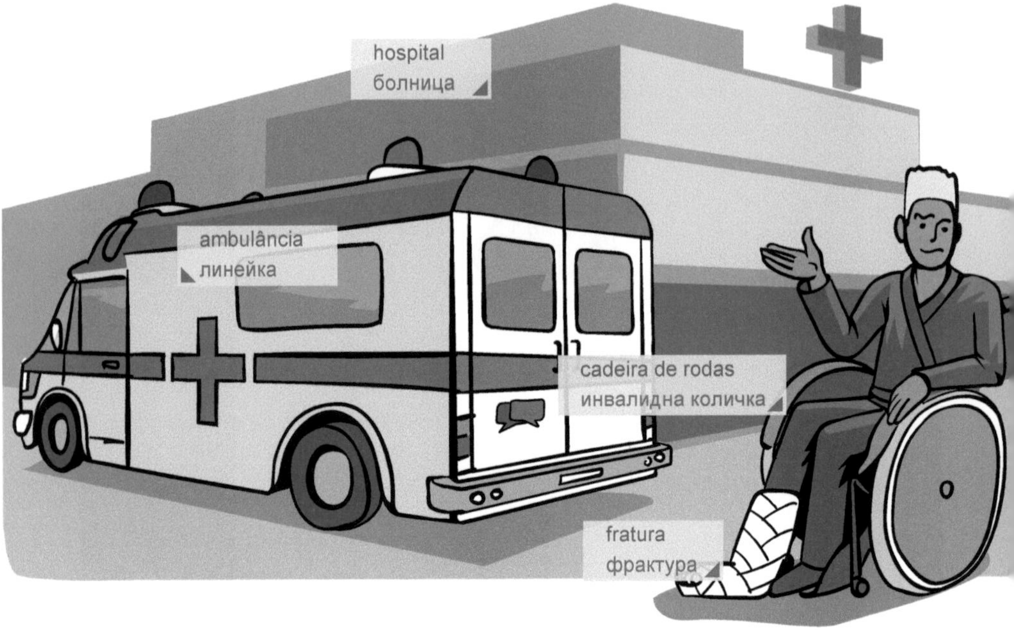

hospital
болница
ambulância
линейка
cadeira de rodas
инвалидна количка
fratura
фрактура

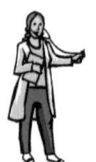

médico

лекар

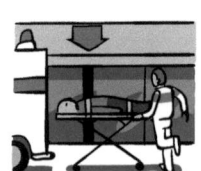

pronto-socorro

спешна хоспитализация

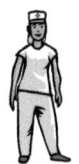

enfermeira

медицинска сестра

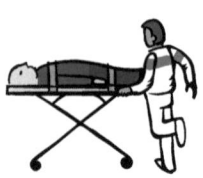

emergência

спешен случай

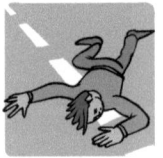

inconsciente

в безсъзнание

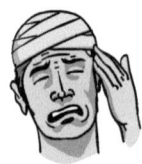

dor

болка

ferimento

нараняване

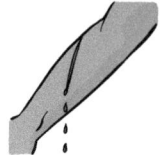

hemorragia

кървене

ataque cardíaco

инфаркт

acidente vacular cerebral

инсулт

alergia

алергия

tosse

кашлица

febre

температура

gripe

грип

diarreia

диария

dor de cabeça

главоболие

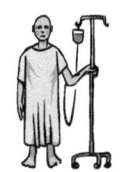

câncer

рак

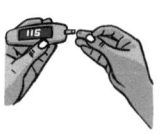

diabetes

диабет

cirurgião

хирург

bisturi

скалпел

operação

операция

CT
компютърна томография

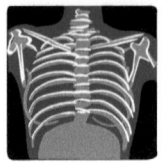

raio x
рентген

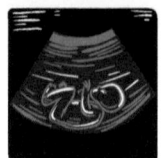

ultrassom
ултразвук

máscara
маска

doença
болест

sala de espera
чакалня

muleta
патерица

bandeide
пластир

ligadura
превръзка

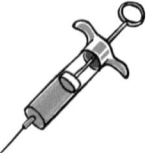

injeção
инжекция

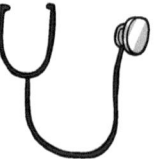

estetoscópio
стетоскоп

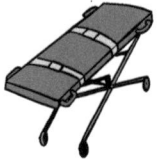

maca
носилка

termômetro
термометър

nascimento
раждане

excesso de peso
наднормено тегло

aparelho auditivo

слухов апарат

desinfetante

дезинфекционно средство

infecção

инфекция

vírus

вирус

HIV / AIDS

HIV / AIDS

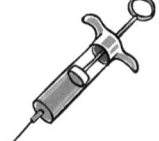

medicamento

медицина

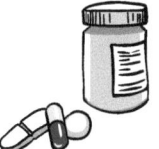

vacinação

ваксинация

comprimidos

таблети

pílula

противозачатъчна таблетка

chamada de emergência

спешно телефонно обаждане

dispositivo de medição de pressão arterial

апарат за измерване на кръвното налягане

doente / saudável

болен / здрав

Socorro!

Помощ!

alarme

сигнал за тревога

assalto

нападение

ataque

атака

perigo

опасност

saída de emergência

аварien изход

Fogo!

Пожар!

extintor de incêndios

пожарогасител

acidente

злополука

maleta de primeiros socorros

комплект за оказване на първа помощ

SOS

SOS

polícia

полиция

Europa

Европа

América do Norte

Северна Америка

América do Sul

Южна Америка

África

Африка

Ásia

Азия

Austrália

Австралия

Atlântico

Атлантически океан

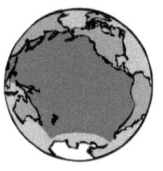

Pacífico

Тихи океан

Oceano Índico

Индийски океан

Oceano Antártico

Южен ледовит океан

Oceano Ártico

Северен ледовит океан

Polo Norte

Северен полюс

Polo Sul

Южен полюс

Antártica

Антарктида

Terra

Земя

terra

суша

mar

море

ilha

остров

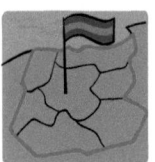

nação

нация

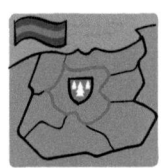

estado

държава

mostrador do relógio
циферблат

ponteiro das horas
стрелка на часовете

ponteiro dos minutos
стрелка на минутите

ponteiro dos segundos
стрелка на секундите

Que horas são?
Колко е часът?

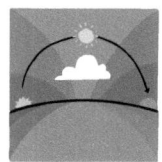

dia
ден

tempo
време

agora
сега

relógio digital
дигитален часовник

minuto
минута

hora
час

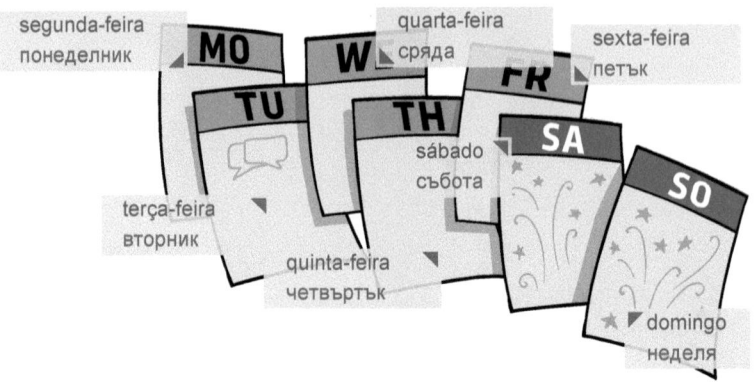

segunda-feira
понеделник

quarta-feira
сряда

sexta-feira
петък

terça-feira
вторник

quinta-feira
четвъртък

sábado
събота

domingo
неделя

ontem
....
вчера

hoje
....
днес

amanhã
....
утре

manhã
....
сутрин

meio-dia
....
обед

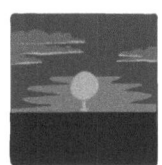

entardecer
....
вечер

MO	TU	WE	TH	FR	SA	SU
1	2	3	4	5	6	7
8	9	10	11	12	13	14
15	16	17	18	19	20	21
22	23	24	25	26	27	28
29	30	31	1	2	3	4

dias úteis
....
работни дни

MO	TU	WE	TH	FR	SA	SU
1	2	3	4	5	6	7
8	9	10	11	12	13	14
15	16	17	18	19	20	21
22	23	24	25	26	27	28
29	30	31	1	2	3	4

fim de semana
....
уикенд

ano

година

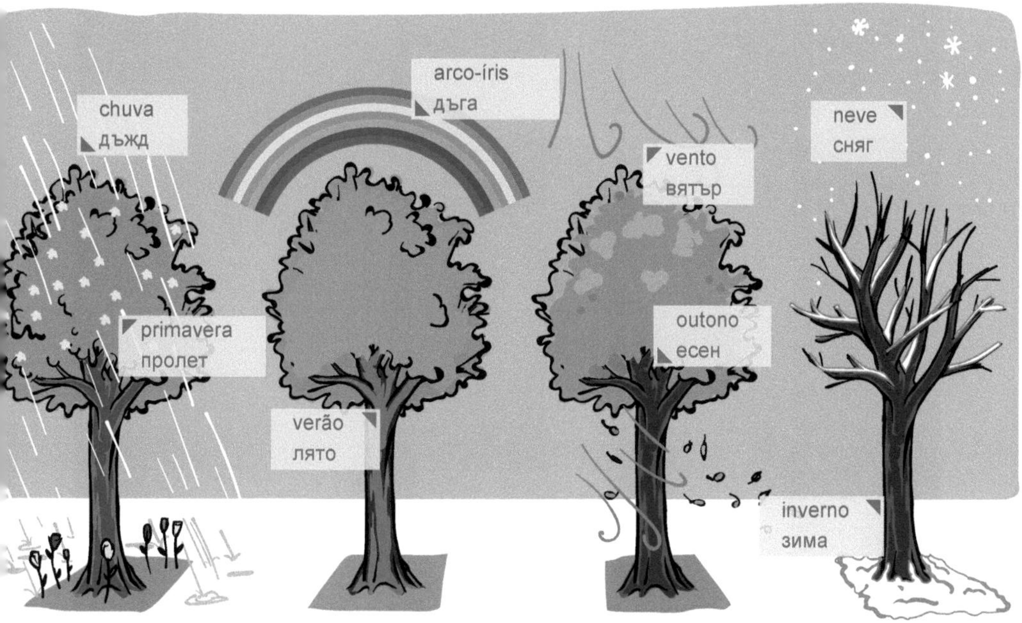

chuva
дъжд
arco-íris
дъга
neve
сняг
vento
вятър
primavera
пролет
outono
есен
verão
лято
inverno
зима

4.APRIL 11°
5.APRIL 4°
6.APRIL 13°
7.APRIL 8°
8.APRIL 10°

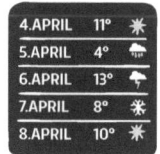

previsão do tempo

прогноза за времето

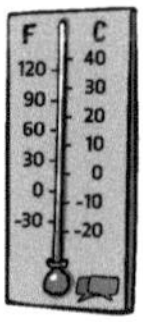

F C
120 40
90 30
60 20
30 10
0 0
-30 -10
-20

termômetro

термометър

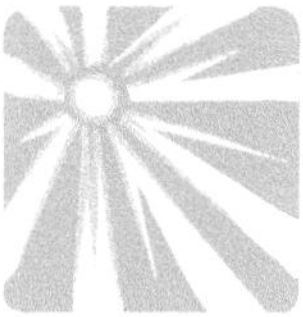

raio de sol

слънчева светлина

nuvem

облак

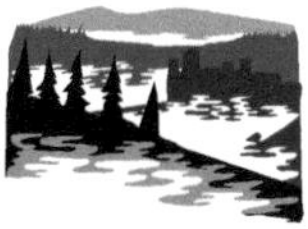

neblina / nevoeiro

мъгла

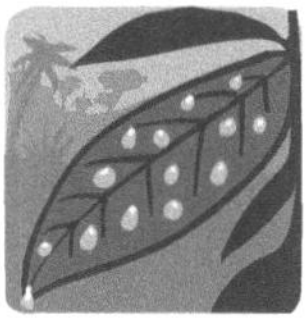

umidade do ar

влажност на въздуха

relâmpago

светкавица

trovão

гръмотевица

tempestade

буря

granizo

градушка

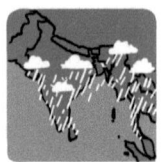

monção

мусон

inundação

наводнение

gelo

лед

janeiro

януари

fevereiro

февруари

março

март

abril

април

maio

май

junho

юни

julho

юли

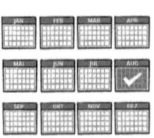

agosto

август

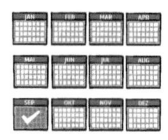

setembro
....
септември

outubro
....
октомври

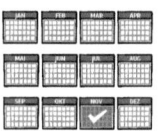

novembro
....
ноември

dezembro
....
декември

formas
форми

círculo
....
кръг

quadrado
....
квадрат

retângulo
....
четириъгълник

triângulo
....
триъгълник

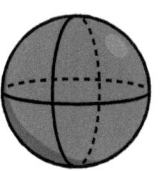

esfera
....
сфера

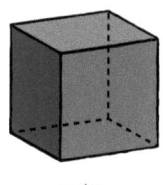

cubo
....
куб

branco

бял

amarelo

жълт

laranja

оранжев

rosa

розов

vermelho

червен

lilás

лилав

azul

син

verde

зелен

marrom

кафяв

cinza

сив

preto

черен

muito / pouco
много / малко

furioso / tranquilo
ядосан / спокоен

lindo / feio
красив / грозен

começo / fim
начало / край

grande / pequeno
голям / малък

claro / escuro
светъл / тъмен

irmão / irmã
брат / сестра

limpo / sujo
чист / мръсен

completo / incompleto
пълен / непълен

dia / noite
ден / нощ

morto / vivo
мъртъв / жив

largo / estreito
широк / тесен

comestível / não comestível

ядлив / неядлив

mau / gentil

сърдит / любезен

entusiasmado / entediado

развълнуван / скучаещ

gordo / magro

дебел / тънък

primeiro / último

най-напред / най-накрая

amigo / inimigo

приятел / враг

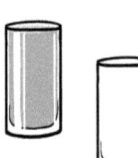

cheio / vazio

пълен / празен

duro / macio

твърд / мек

pesado / leve

тежък / лек

fome / sede

глад / жажда

doente / saudável

болен / здрав

ilegal / legal

нелегален / легален

inteligente / idiota

интелигентен / глупав

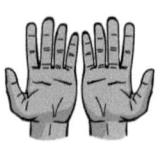

esquerda / direita

ляво / дясно

perto / longe

близо / далече

novo / usado

нов / употребяван

nada / alguma coisa

нищо / нещо

velho / jovem

стар / млад

ligado / desligado

вкл. / изкл.

aberto / fechado

отворен / затворен

baixo / alto

тих / силен (звук)

rico / pobre

богат / беден

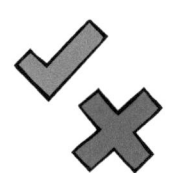

certo / errado

правилен / погрешен

áspero / liso

грапав / гладък

triste / feliz

тъжен / щастлив

curto / longo

дълъг / къс

lento / rápido

бавен / бърз

molhado / seco

мокър / сух

ameno / fresco

топъл / студен

guerra / paz

война / мир

0

zero

нула

1

um

едно

2

dois

две

3

três

три

4

quatro

четири

5

cinco

пет

6

seis

шест

7

sete

седем

8

oito

осем

9

nove

девет

10

dez

десет

11

onze

единадесет

12

doze

дванадесет

13

treze

тринадесет

14

quatorze

четиринадесет

15

quinze

петнадесет

16

dezesseis

шестнадесет

17

dezessete

седемнадесет

18

dezoito

осемнадесет

19

dezenove

деветнадесет

20

vinte

двадесет

100

cem

сто

1.000

mil

хиляда

1.000.000

milhão

милион

inglês
англ025 английски

inglês americano
американски английски

chinês mandarim
китайски мандарин

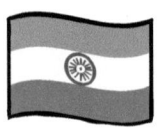

hindi
хинди

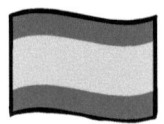

espanhol
испански

francês
френски

árabe
арабски

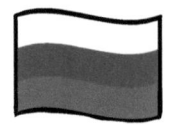

russo
руски

português
португалски

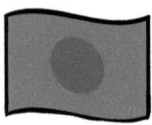

bengalês
бенгалски

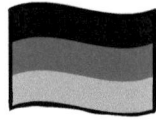

alemão
немски

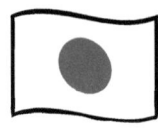

japonês
японски

eu

аз

você

ти

ele / ela

той / тя / то

nós

ние

vocês

вие

eles / elas

те

quem?

кой?

O quê?

какво?

como?

как?

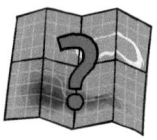

onde?

къде?

Quando?

кога?

nome

име

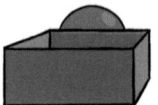

atrás

зад

em

в

na frente de

пред

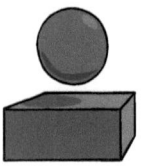

sobre

над

em cima

върху

debaixo

под

do lado

до

entre

между

lugar

място